LE
SAC DE NUIT

DU PRINCE

MENSCHIKOFF

TROUVÉ DANS SA TENTE, APRÈS LA BATAILLE DE L'ALMA

TRADUIT DE L'ANGLAIS

PAR A. NOBLET

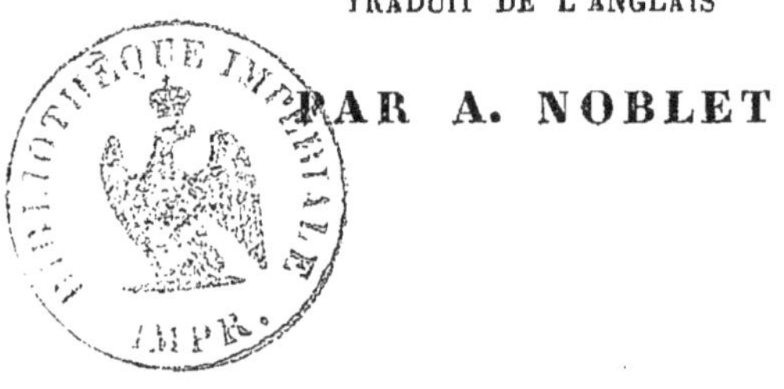

—————◆—————

PARIS

LIBRAIRIE D'AMYOT, ÉDITEUR

8, rue de la Paix

—

MDCCCLV

TYPOGRAPHIE DE CH. LAHURE
Imprimeur du Sénat et de la Cour de cassation
rue de Vaugirard, 9.

LE
SAC DE NUIT

DU PRINCE

MENSCHIKOFF.

Lorsque, dans sa reconnaissance pour un léger service, le zouave dont j'avais soigné les blessures consentit à m'abandonner ce fragment de sa part dans le pillage de la tente du prince Menschikoff, il était loin d'en soupçonner l'importance. Les caractères étranges de l'écriture gréco-russe ne lui paraissaient, sans doute, qu'un griffonnage sans valeur, et grande fut sa joie en me voyant préférer ce rouleau de papier couvert d'une écriture serrée au portefeuille monté en argent où il était enfermé. Pour rendre à cet honnête homme la justice qui lui est due, sa reconnaissance *doit* avoir été sincère, car il m'avait laissé la liberté du choix.

En déchiffrant le manuscrit, je fus largement indemnisé de mon désintéressement : il contenait non-seulement un exposé des opinions et des idées de l'empereur de Russie, mais encore le récit des divers projets qu'il mûrissait secrètement contre les libertés de l'Europe, tandis que celle-ci sommeillait dans la paix et la sécurité.

Les détails de l'entrevue à laquelle Menschikoff fut appelé par le czar semblent avoir été adressés à quelque ami haut placé, qui n'est pas nommé une seule fois dans le cours de la communication, mais pour lequel il témoigne tant de déférence et de respect, qu'on peut lui supposer de puissants et secrets motifs pour admettre si entièrement cet ami dans ses confidences.

On ne saurait voir sans surprise que l'empereur ait si pleinement confié ses intentions à Menschikoff, surtout si l'on considère dans quelle position délicate l'empire russe peut se trouver un jour, non seulement avec les puissances engagées contre lui dans la guerre actuelle, mais encore avec la *noblesse* de Russie par suite des effrayants sacrifices que le czar sera forcé d'exiger d'elle ; mais la question de droit ou d'injustice, en ce qui concerne la mesure même, perd évidemment toute importance devant la hardiesse de son plan , et les moyens par lesquels il espère en assurer le succès. Menschikoff, lui-même , ne peut l'envisager sans étonnement et sans terreur ; son admiration fanatique pour ce plan perce à travers les impressions qu'il retrace, et si d'abord ses convictions résistent à en admettre la possibilité , on voit qu'en définitive il reste persuadé que la volonté de son maître est infaillible , et doit finir par ranger sous sa loi les hommes et les choses qui y semblaient les plus adverses. C'est Séide[1] debout devant Mahomet, écoutant le Prophète lui développer les moyens par lesquels il se propose d'asservir le monde. Et à cette heure même, en dépit de l'investissement de Sébastopol, en dépit de sa destruction probable par les alliés, Menschikoff compte encore sur l'invincibilité du czar, aussi fermement que Séide avait foi dans l'infaillibilité de son maître.

Lecteur, voici ce que contenait le portefeuille à monture d'argent trouvé dans la tente du prince Menschikoff ; prends-en connaissance, et juge par toi-même.

Comme vous le désirez, prince, je vous rapporterai ce qui se passa entre notre haut et magnanime empereur et moi-même, relativement à ses merveilleux projets par suite de la présente guerre. Je ne ferai pas à vos sentiments d'honneur cette insulte de vous recommander le plus profond secret sur cette communication. Vous comprendrez aussi bien que moi la lourde responsabilité que l'on encourt en devenant dépositaire d'un tel secret. Ma seule excuse en vous admettant vous-même, cher prince, à partager cette responsabilité, est l'admiration sans

--

1. Le texte dit *Zopire*, ce qui est évidemment une erreur.

bornes qu'il m'inspire pour mon maître, et que vous partagerez, je le sais, à un égal degré. Je vous ai communiqué, dans le temps, la substance des instructions que je reçus au moment de partir pour Constantinople. J'avais à insister vigoureusement auprès du divan, afin d'en obtenir le protectorat direct pour notre sublime empereur, qui réclame avec justice le droit de veiller à la prospérité de notre sainte religion dans les royaumes occupés encore par l'infidèle. « Obtenez-moi ce résultat, me dit le czar lorsque j'allai prendre congé de lui, et je garantis qu'avant trois ans l'empire d'Orient passera des mains du sultan dans les miennes; l'Europe n'aura pas même le temps de deviner le but de ce premier succès, qui trouvera une excuse admirable dans mon amour bien connu de l'ordre et de la justice. Ne craignez point de vous récrier hautement si vous rencontrez de la résistance, ni de rompre avec *éclat* si cette résistance paraissait sérieuse. Je préférerais tenir de vous ce prétexte plausible de châtier par les armes cette misérable race qui cherche maintenant, en vérité, à imiter la France et l'Angleterre dans leur rage pour la réforme, et qui, à l'instar de ces nations maudites, laissera bientôt à titre de progrès les laquais mêmes s'asseoir aux conseils de l'État sur le même rang que leurs maîtres. »

Ma conduite, dans le cours de mes négociations avec les ministres de la Sublime-Porte, est connue du monde entier. Elle obtint la pleine approbation de l'empereur, qui me félicita à mon retour.

« Vous ne me rapportez point d'autre alternative que la guere? » s'écria-t-il d'un air satisfait, qui me surprit d'autant plus, qu'il avait déjà appris l'intention manifestée par l'Angleterre et la France d'entrer dans la question, non pas simplement comme médiatrices, mais comme alliées, et même alliées armées de la Turquie. « Votre Majesté ne craint-elle pas, dis-je timidement, qu'outre la Turquie d'autres puissances européennes ne fassent obstacle aux grandes conceptions que vous avez formées? » Au lieu de me répondre, l'empereur se mit à aller et venir à grands pas dans le salon; puis, après un moment de silence, il me demanda, en fixant sur moi son regard pénétrant, si je croyais réellement à la possibilité d'une alliance dont le bruit était déjà venu jusqu'à lui.

Je lui répondis que, dans mon opinion, il y avait bien des

raisons pour douter de sa réalité ; et je citai comme un de ces motifs, les soudains armements qui avaient eu lieu l'année précédente en Angleterre, évidemment dans la prévision d'un mouvement hostile du côté de la France. « Il semblerait bien extraordinaire, ajoutai-je, que ce sentiment de défiance entre deux nations, si profondément divisées sur chaque point, tournât si brusquement à l'amitié, juste au moment où l'une d'elles vient de se donner pour chef un homme qui, plus que tout autre, doit se montrer peu disposé à tendre la main à *la perfide Albion*, ayant contre elle, à cause de l'ancienne opposition qu'elle fit au chef de sa famille, des ressentiments personnels et légitimes.

— Telle fut d'abord mon opinion, répondit le czar, je pensais comme vous ; mais au bon moment, le *credo quia absurdum* de saint Paul me revint en mémoire, et je cessai de contester la possibilité de cette chose impossible. Je ne trouve qu'une seule explication à ce mystère : le soupçon m'est venu depuis quelque temps qu'une indiscrétion échappée à notre chancellerie aura dévoilé à l'Angleterre mes vues sur ses possessions de l'Inde. Parfaitement sûre qu'une fois maître de Constantinople, rien ne me sera plus facile que de révolutionner ce vaste bazar d'où elle tire son existence, et qui, par conséquent, est devenu pour elle une question de vie ou de mort, elle a foulé aux pieds ses vieilles antipathies contre la France, afin d'engager l'empereur Napoléon à faire avec elle cause commune contre moi dans le conflit. Elle parvint ainsi à lui persuader que la France n'avait pas moins d'intérêt qu'elle-même à l'issue de la lutte, ne fût-ce que celui de m'empêcher, une fois maître du Bosphore, de détruire son influence dans la Méditerranée. Et assurément, il ne fallait rien moins qu'une telle considération pour engager ainsi le successeur du Corse à renoncer à ses desseins contre une rivale abhorrée, *la perfide Albion*, comme il fut longtemps de mode de désigner l'Angleterre. — Mais, Votre Majesté ne redoute-t-elle pas les conséquences de l'alliance entre ces deux puissantes nations ? » et en posant la question j'examinais attentivement le visage du czar, pour étudier l'effet de mes paroles. « Leurs marines sont nombreuses et guerrières, et si leurs flottes venaient à paraître à la fois dans la Baltique et la mer Noire ?... — Bien, répondit-il avec un sourire, nous pouvons envisager même ce spectacle sans trop d'alarme ; nous sommes assez forts sur chacun de ces points pour n'avoir à craindre *quoi que ce soit* du courroux de ces deux aventureuses alliées. Nous nous tiendrons sur la défensive : par là nous gagnerons du temps et ferons grand mal à nos adversaires, qui ne seront pas longtemps ca pables de supporter notre climat, si différent du leur ; puis la mauvaise saison nous venant en aide les forcera de retourner chez eux, et de remettre à l'année suivante les projets qu'ils au- ront à peine eu le temps d'ébaucher dans leur première cam- pagne. C'est alors que le moment sera venu de procéder à l'oc- cupation de Constantinople. Mes troupes s'avanceront à marches forcées des extrémités les plus reculées de mes États, et des masses irrésistibles agiront conformément au plan que j'ai sous les yeux depuis tant d'années. Quant à l'inclémence des saisons ou du climat, vous savez, Menschikoff, si c'est là un obstacle que je permette de compter dans la marche de mes soldats. Ils écra- seront de leur nombre toute armée d'occupation que les alliés seraient tentés de laisser en Crimée ; et ce sera *votre* faute plu- tôt que la mienne s'il en reste un seul homme pour retourner apprendre au pays le sort de ses compatriotes.

— Mais n'avez-vous pas peur de la désaffection de l'Allemagne ? et que l'Autriche et la Prusse, épouvantées de vos gigantes- ques projets, ne se réunissent contre vous à vos ennemis ? »

Un sourire hautain passa sur les traits du czar : « C'est la crainte même dont vous parlez, Menschikoff, qui fait ma force et ma sécurité. Trop puissant est le lien qui attache l'Au- triche et la Prusse à ma cause pour que j'aie à redouter leur désertion ; ajoutez à cela qu'elles savent bien que leur intérêt est le même que le mien, puisque c'est le principe du pouvoir absolu que je me propose d'établir par toute l'Europe. La riva- lité qui les excite l'une contre l'autre, préoccupées qu'elles sont toutes deux d'exercer une influence exclusive sur les États allemands secondaires, m'est une garantie suffisante de leur soumission à mes idées, et je ne manque pas de moyens pour tirer parti de la situation. Prévoyant, naturellement, tous les efforts qui seront faits par les cabinets de Saint-James et des Tuileries, pour déterminer l'Autriche plus particulièrement à s'allier à eux, j'ai déjà composé pour cette puissance un plan de conduite admirablement adapté à sa position, et qu'elle suivra, je l'espère, avec l'exactitude la plus rigoureuse.

Vous allez, Menschikoff, comprendre ce plan, et tous les avantages que son adoption doit me procurer. »

Ici l'empereur s'arrêta un instant pour réfléchir; puis après une pause de quelques minutes, il reprit : « En premier lieu, il m'était indispensable de gagner le temps nécessaire pour porter mes armées sur les différents points où je puis en avoir besoin ; deuxièmement, j'avais à défendre l'Autriche contre les obsessions de l'Angleterre et de la France, en la forçant à adopter le système de la plus stricte neutralité. Elle a, dans ses prétentions au rang de grande puissance, un motif honorable pour justifier cette neutralité contre tous ceux qui sont intéressés à lui faire suivre une autre politique : « Je me dois, avant toutes choses, « peut-elle dire, aux intérêts de l'Allemagne, dont mon propre « territoire n'est, après tout, qu'une partie. » Si ce langage ne suffisait pas pour mettre un terme aux intercessions des puissances occidentales, il les empêcherait du moins de recourir à la violence pour la forcer de se joindre à leur ligue. Quelques promesses de se poser en médiatrice de paix achèveront de les abuser, ou, tout au moins, les tiendront-elles en respect quelque temps encore. Nos ennemis ne voudront à aucun prix compromettre la chance d'un arrangement amiable avec moi, en mécontentant une puissance qui pourrait, au premier sujet de plainte, se tourner de mon côté. Vous le voyez, sur ce point, cette apparente neutralité sert admirablement mes desseins, et donne à la Russie tous les avantages d'une alliance ouverte avec l'Autriche, sans m'imposer d'autre obligation que celle d'un protecteur puissant, tout disposé à reconnaître avec générosité de bons et fidèles services.

« Par exemple, j'avais à craindre que la France ne demandât à l'Autriche le passage de ses troupes pour entrer en Servie. Avec les chemins de fer, elle aurait pu jeter en un clin d'œil cent mille hommes sur les bords du Danube; la neutralité de l'Autriche me sauve de ce danger, et la France sera forcée d'avoir recours aux longs et dispendieux moyens du transport maritime, en débarquant ses troupes à une grande distance du point occupé par nous, dans les provinces turques que je compte prendre comme otages.

« Un autre avantage que je tirerai de cette neutralité, ajouta l'empereur, sera de fournir à mon alliée secrète un motif de mettre sur pied autant de troupes qu'il sera nécessaire d'en joindre aux miennes en cas de besoin. C'est ce qu'elle sera à même de faire, sous le prétexte, toujours bien reçu par les populations de l'Allemagne, de sauvegarder leurs intérêts ; mais ces armements auront le double but de tenir en respect la partie de ces populations hostiles à mes intérêts, et de mettre à ma disposition une force aussi imposante que je pourrai le désirer, pour marcher au moment favorable contre l'ennemi. »

Comme chacun des traits de mon visage indiquait la plus grande surprise, l'empereur, supposant peut-être que je ne le comprenais pas parfaitement, dit en souriant avec calme : « Vous paraissez étonné de mon langage, et vous vous demandez peut-être quels sont ces ennemis, autres que les Turcs, contre lesquels je me prépare à marcher? Une telle surprise est naturelle ; vous ne pouvez me deviner avant que je vous aie plus complétement expliqué la grandeur de mes desseins. L'ennemi pour moi, ajouta-t-il avec un sourire de mépris, ce n'est point cette race dégénérée, odieuse à la chrétienté, qui trop longtemps a souillé l'Europe de sa présence, et qui sera bientôt refoulée dans ses déserts asiatiques quand j'occuperai l'antique cité de Constantin. Non, un *pareil* ennemi est trop faible, trop méprisable, pour m'inspirer le moindre souci. Lorsque l'ombre de mon épée passera sur l'armée musulmane, la nation aura cessé d'exister ; elle sera pour jamais effacée du monde. Mais l'ennemi que je veux combattre et vaincre, l'ennemi qui apparaît gigantesque à côté de la puissance islamite, c'est l'esprit révolutionnaire qui, depuis tant d'années, souffle son venin sur l'Occident, et qui, si je ne l'arrête à temps, détruira l'Europe dans une de ses tourmentes dévastatrices. Déjà vous avez dû remarquer ses progrès, et vous pouvez juger de l'urgence de prendre un parti. Je veux engager avec lui une lutte suprême et fatale qui se termine par son entier anéantissement. Telle est ma ferme et inaltérable résolution ; c'est ce que je regarde comme ma mission divine dans les circonstances au milieu desquelles je suis placé, moi souverain d'un puissant empire. Dieu ne m'a pas confié cet immense pouvoir pour que je le conserve inerte entre mes mains. Les autels non moins que les trônes sont ébranlés jusque dans leurs fondements, par l'esprit envahisseur qui travaille les peuples de l'univers, sous le nom de civilisation et de progrès : civilisation qui consiste à exalter l'orgueil humain, à développer dans les classes inférieures des sentiments d'envie contre les classes riches, à exciter le mécontentement et le dégoût contre la position que la Providence assigne dans chaque classe à chaque individu! Progrès qui se propose pour but le comfort matériel et la jouissance des sens, sans tenir compte des besoins de l'âme, et encore moins des saintes vérités sur lesquelles repose le sentiment du devoir dans cette vie, aussi bien que la destinée de l'homme dans l'autre monde! Et voyez dans quel état se trouve la plus grande partie des populations européennes, et l'usage qu'elles ont fait de leur liberté si vantée. Liberté! qu'est cela, Menschikoff, si ce n'est la consécration d'un prétendu droit entre les mains d'insensés? le droit donné à l'ignorance de contrôler les actes du gouvernement et d'usurper dans les conseils de la couronne la place de ces capacités que la confiance du maître a jugé plus à propos d'employer?

« Quel résultat a produit jusqu'ici cette tendance à s'élever par d'autres moyens que par le travail, si ce n'est celui de développer chez l'individu la haine et l'envie contre tous ceux qui le surpassent sous le rapport de l'intelligence ou de la fortune, ou simplement de l'aisance? Aveugles, ceux qui ne voient pas que ce mépris de toute supériorité sociale, et, plus encore, cette haine de l'autorité, ont pour conséquence inévitable de briser le lien d'unité qui seul fait qu'on est puissant, et faute duquel la nation réputée la plus influente tombe bientôt dans la désunion et l'anarchie, restant ainsi sans force et sans vigueur contre l'ennemi déterminé à la détruire. Telle est à cette heure la situation de la plus grande partie des États européens, même de ceux qui faisaient autrefois trembler le monde. Et quel souverain autre que moi-même peut profiter de cette situation? Seul je règne sur soixante millions d'êtres humains, qui croient en moi de toute leur âme comme ils croient dans le Très-Haut : dois-je attendre pour commencer la lutte avec le souffle brûlant de l'Occident que leur foi soit devenue tiède, et qu'ils cessent de croire à ma double infaillibilité comme souverain et comme pontife? Non, Menschikoff; je ne commettrai pas un pareille faute; dussé-je périr, je ne faillirai pas à la mission que j'ai reçue de la Providence de rétablir l'ordre en Europe, et d'étouffer dans son propre sang les germes de la révolution au cœur même du pays où elle a pris naissance; et je prendrai des mesures si énergiques qu'il ne sera plus possible désormais à ses plus fervents adorateurs de reconstruire ses autels.

—Pas même aux États-Unis? me hasardai-je à demander.

— Certainement non, répliqua l'empereur; pas même aux États-Unis. Comptez que ma croisade contre cet esprit d'impureté sera complète et entière; et cet odieux repaire où les propagandistes de la révolution viennent, de tous les points du globe, chercher un asile, ce repaire sera détruit, et la charrue passera sur ces cités maudites, comme la colère du Seigneur a passé sur les villes de Judée qui avaient osé douter de sa justice et braver sa puissance. Et la tâche sera facile, croyez-moi, quand la totalité de l'Inde, délivrée du joug de ses maîtres orgueilleux, m'aura reconnu pour souverain. Que ne pourrai-je entreprendre alors, pour mettre à mes pieds le reste du monde?

« Oh! que ce jour arrive enfin! Avec mon autorité comme pontife et comme empereur, j'imposerai l'empire de ma foi religieuse dans tout l'univers; et Rome elle-même, Rome la superbe, se soumettra à mon joug; elle aussi m'acceptera comme chef à la place du prétendu successeur des apôtres, aux pieds duquel toute la chrétienté tombe et s'agenouille dans le Vatican, ou bien je lui arracherai, en la détruisant, son titre de Ville éternelle.

« Il y a de terribles expiations, » ajouta l'empereur d'une voix solennelle qui me fit souvenir des prophètes antiques, « à accomplir aujourd'hui, pour ces nations dont les crimes restent impunis, expiations qu'elles ne pourront éviter quand la justice divine en aura marqué le jour et l'heure. L'Espagne a payé ainsi de sa misère et de sa ruine la férocité que ses soldats ont montrée envers les Indiens; pour en arracher une poignée d'or, ils ont égorgé quatorze millions d'hommes dans ces malheureuses contrées. N'était-il pas juste que ces actes monstrueux fussent punis dans la postérité des monstres qui les ont commis? Le Portugal, coupable des mêmes crimes, a été frappé du même châtiment. Ces deux nations, avides et cruelles, qui n'avaient étendu leurs conquêtes que dans le but d'acquérir des trésors, n'ont-elles pas tout perdu aujourd'hui? Et toutes les deux ne sont-elles pas tombées au dernier degré de l'abaissement? C'est justice; et ne sera-t-il pas également juste que l'Angleterre qui, comme elle, a tout sacrifié à l'amour du gain, et qui, pour accumuler des trésors, n'a pas hésité à mettre en œuvre tous les moyens, quelque immoraux qu'ils fussent, hypocrisie, fraude, violence, à l'égard de ses possessions indiennes, n'est-il pas juste qu'elle aussi se voie arracher par la force la jouissance de ces conquêtes dues à la fraude, qui forment à cette heure la seule source de son énorme puissance ?

« Et quant à la France, encore souillée du sang aristocratique que sa rage révolutionnaire lui a fait répandre par torrent, non-seulement sur son propre territoire, mais dans l'Europe entière, c'est également justice qu'elle soit elle-même traitée comme elle a traité les autres peuples ! Elle a déjà reçu deux terribles leçons ; mais, d'après les événements qui ont eu lieu dans le dernier quart de siècle, il semble qu'une troisième leçon, encore plus terrible que les deux autres, soit devenue nécessaire. Elle la recevra de moi, avec l'aide de Dieu ! et tel sera le châtiment, que d'ici à plusieurs siècles il sera inutile de le renouveler.

« Tous les gouvernements représentatifs, qui tous contiennent plus ou moins des germes révolutionnaires, doivent disparaître de la face du monde ; à leur place, je restaurerai le pouvoir absolu dans la personne de ces princes qui possèdent le droit légitime de l'exercer.

« Mais pour que cette grande œuvre devienne durable, il faut éteindre dans l'Occident la prétendue lumière et la fausse philosophie, qui ont précipité la raison humaine dans de si étranges et misérables erreurs. Par conséquent, la nuit et les ténèbres *doivent* de nouveau s'étendre sur l'Europe ! Plus de liberté de la presse ! plus de journaux surtout ! Arrière ces prétendus directeurs de l'opinion publique, qui n'ont jamais servi d'autres intérêts, d'autres principes que ceux pour lesquels on les a payés ! Le calife Omar sera mon modèle. Je brûlerai tous les livres, ces dangereuses sources de corruption, qui, bien loin d'être l'honneur de l'intelligence humaine, en sont la honte, tant ils contiennent de faussetés et de principes menteurs. Je n'épargnerai que les ouvrages de science, et seulement de science pratique, applicable aux choses utiles ou nécessaires à la vie matérielle de l'homme. C'est à quoi veillera l'Église orthodoxe dont je suis le chef.

« Onze fois pendant dix siècles, les Huns, nos ancêtres, ont ravagé les plus belles contrées de l'Asie, ne laissant pour traces de leur passage que la ruine. Ils n'avaient qu'une mission à remplir : une mission de vengeance. C'est la volonté de Dieu qui les envoyait pour détruire par le glaive ces communautés corrompues et civilisées, outrageuses à la morale, à l'humanité, à la justice. Je viens, comme eux, à une autre époque, pour punir et détruire; mais je ne disparaîtrai point comme eux. J'ai des ressources qu'ils n'avaient pas, pour mettre un nouvel ordre de choses à la place de celui dont j'aurai ordonné la disparition. Et l'univers entier bénira mon nom, car je l'aurai purgé de ses vieilles iniquités. Il se régénérera dans mes mains lorsqu'il ne possédera qu'un roi, une loi, une foi. C'est la maxime de la sainte Compagnie de Jésus qui, mieux que tout le monde peut-être, connaît la valeur des divers éléments du pouvoir, de ce pouvoir qui seul peut devenir la base solide d'un trône éternel et indestructible.

— Cette Compagnie, dis-je en souriant, l'auguste père de Votre Majesté a cependant trouvé raisonnable de l'expulser de ses États, et Votre Majesté elle-même n'a pas jugé à propos d'en rappeler les membres.

— Et je les chasserais encore s'ils avaient l'audace de reparaître, répliqua vivement Nicolas, et la raison en est bien simple : si j'approuve leurs principes, si je les trouve excellents comme base d'autorité, je n'admets nullement qu'une pareille autorité réside en de telles mains. Dans leur grand dessein de domination universelle, les jésuites ne verraient en moi que leur esclave le plus illustre et leur plus noble victime. Non, non, Menschikoff, nous savons assez d'histoire, et nous n'avons oublié rien de ce dont la cour de Rome est capable; et notre mémoire nous sert également bien en nous retraçant la nature des services par lesquels, de tous temps, cette sainte milice a prouvé son zèle et son dévouement aux intérêts de la papauté. La Compagnie de Jésus aspire à la domination du monde, mais elle est forcée de marcher à son but en silence et par des moyens cachés; moi j'arriverai aux mêmes fins en plein jour, au milieu des éclairs et de la tempête, comme il appartient au représentant avoué des intérêts du ciel. Et l'univers se prosternera, saisi de respect et d'effroi, le jour où mon aigle prendra sur le dôme de Sainte-Sophie la place trop longtemps occupée par le croissant. C'est alors que le monde comprendra ma mission et l'irrésistible pouvoir dont Dieu lui-même a armé mon bras pour rétablir la véritable autorité de l'Évangile, dont notre Église est l'unique et fidèle dépositaire. »

Ici, comme je demeurais frappé d'une religieuse terreur, l'empereur, remarquant ma stupéfaction, me demanda si je doutais du résultat de ses gigantesques desseins.

« C'est le rêve de Pierre le Grand, que Votre Majesté va chercher à réaliser, » dis-je d'une voix que l'émotion rendait à peine intelligible, « c'est son plan pour la fondation d'une monarchie universelle.

— C'est sa volonté dont je me suis constitué l'exécuteur, et rien de plus ! » répondit l'empereur avec calme. « S'il a jugé la chose possible, pourquoi ne serais-je pas du même avis que ce grand homme ? surtout lorsque la politique de mes prédécesseurs a constamment envisagé le même but ; lorsque moi-même, profitant des longues années de paix dont l'Europe vient de jouir, je n'ai cessé, depuis mon avénement au trône, d'amasser toutes sortes de ressources pour m'assurer le succès dans la lutte que je dois entreprendre contre les plus fortes puissances de l'Europe. Et quel meilleur et plus noble but pourrais-je me proposer, dans l'état où l'esprit populaire est arrivé dans tous les pays, que de fonder une monarchie universelle, seule capable de nous sauver de la république universelle ? »

Je convins aisément que les idées démocratiques en France, surtout depuis la révolution de février, avaient marché assez vite pour justifier cette appréhension.

« De plus, » reprit l'empereur, toujours avec le même sourire, « vous vous rappelez la prédiction du grand homme relativement aux destinées de la France : « Républicaine ou cosaque, » disait-il, « c'est le sort qui l'attend. » Croyez à cet oracle qui voyait loin et juste dans l'avenir, et profitons de l'impression que cette prophétie a faite sur l'esprit du peuple.

— Votre Majesté s'est imposé là une rude tâche !

— Pas si rude qu'il vous paraît, mon cher prince, dit l'empereur avec enjouement. Grâce à Dieu, notre mémoire est bonne, et les invasions de 1814 et 1815 ne sont pas si éloignées que nous ne puissions aisément nous souvenir des facilités qu'elles ont trouvées dans les sentiments antipatriotiques des *bourgeois* et particulièrement des classes commerçantes. Les uns et les au-

tres, exclusivement occupés de leurs intérêts, rivalisèrent avec
les Bourbons pour nous préparer une réception amicale. Et les
grands corps constitués de l'État : le Sénat d'abord, le Sénat
entièrement composé d'hommes dont la fortune avait été faite
par Napoléon, n'eut pas honte de remettre le pays aux mains
de Fouché et de Talleyrand, qu'il avait également tirés de la
boue, et qui se firent un mérite de nous livrer à la fois leur
maître, leur patrie et ses libertés. Ils marchandèrent, il est vrai,
et du mieux qu'ils purent, les conditions de la paix obtenue par
leurs humbles supplications. Mais il fallut la payer d'une somme
assez ronde, si ma mémoire me sert bien, quelque chose comme
trois milliards, sans compter l'anéantissement de la marine française, la perte des plus riches colonies et le ravage des plus
beaux musées.

« Croyez-moi, ce sera exactement la même chose quand nous
foulerons ce sol pour la troisième fois ; car si le patriotisme et
l'honneur national avaient si complétement abandonné les cœurs
français à l'époque dont je parle ; si les classes influentes de la
société étaient déjà si dénuées de sentiments patriotiques , vous
pouvez croire aisément que, depuis, elles se sont bien peu amé-
liorées sous ce rapport. Le régime de corruption auquel elles
ont été soumises par Louis-Philippe a au contraire développé
chez elles l'amour du plaisir et la soif des richesses. Il n'y a plus
place dans ces cœurs corrompus pour aucun sentiment élevé : les
mots *patrie* et *honneur* n'offrent plus de sens à ces hommes in-
cessamment plongés dans les spéculations de la Bourse! Leur
seul but est le lucre. Peu leur importe qu'ils le tirent des sueurs
ou du sang de leurs compatriotes, qu'ils soient libres ou esclaves,
triomphants ou conquis, pourvu que dans le conflit ils puissent
conserver leur fortune ; soyez certain que les moins avisés d'entre
eux sauront bien faire tourner le malheur public à leur pro-
fit particulier. En conséquence je vous le dis, et vous pouvez
vous fier à ma parole, ces mêmes classes, montrant la même bas-
sesse d'après les mêmes motifs, nous ouvriront une fois de plus
les portes de Paris! Mais leur infamie ne désarmera pas ma
justice ; et cette tourbe d'intrigants de bas étage n'aura pas à se
réjouir du prix dont je payerai sa lâcheté. Ils subiront le sort
de traîtres dignes du plus profond mépris. Je les disperserai en
exil ou en captivité, comme dans les âges reculés les conquérants

babyloniens ont dispersé les Juifs, cette race perverse et légère avec laquelle il était si difficile de demeurer en paix. Et quant au territoire français, Menschikoff, si vaste qu'il soit, nous ne le trouverions pas trop étendu pour une province de notre empire, et il pourrait se diviser en gouvernements, que nous réserverions comme récompenses à ceux de nos généraux qui nous auraient le mieux servi pendant la guerre. Ce sera votre faute si votre nom ne figure pas en tête de la liste des plus braves.

— Ah ! Votre Majesté m'a si généreusement comblé de faveurs, que je craindrais de paraître ingrat, si mon ambition n'était pas satisfaite.

— C'est vrai ; votre gouvernement de Crimée m'est d'un trop haut prix pour que je vous en offre un plus riche même en France, où la nature a été si prodigue de ses trésors. D'ailleurs je ne regretterai point de vous avoir près de moi quand j'aurai transporté le siége de l'État à Constantinople, ce poste admirable pour surveiller les mouvements du monde. Nous saurons trouver les moyens de vous rendre agréable votre position. »

Je m'inclinai devant la générosité de mon noble maître ; mais comme ce qui m'avait frappé le plus dans ce plan gigantesque, c'était justement l'idée de changer le siége du gouvernement, chose qui me paraissait impossible, je me hasardai à lui demander s'il parlait sérieusement en exprimant cette pensée. Il parut surpris de la question.

« Et qui peut vous faire supposer, dit-il, que je parle autrement, lorsque dans cette mesure je trouve surtout les moyens d'extirper les germes du principe révolutionnaire des cœurs et des esprits corrompus de ce peuple ? N'est-ce pas, en outre, le droit de conquête, tel qu'il s'est pratiqué dans les temps anciens ? N'était-ce pas considéré comme la manière la plus simple et la plus naturelle d'assurer des esclaves aux conquérants ? Et les vaincus pensaient-ils avoir aucun droit de se plaindre de ce que leurs maîtres utilisaient leurs services, selon leur degré de force et d'intelligence, après qu'eux-mêmes n'avaient pas eu le courage de mourir pour défendre leur pays, leurs femmes et leurs enfants ? L'esclavage n'était-il pas préférable, en pareil cas, à l'extermination, cette autre punition plus sauvage et plus terrible si largement pratiquée aux époques antérieures par les hordes de barbares qui ont ravagé le monde ? Nous sommes plus humains, bien que l'on nous traite de barbares, et nous désirons rester compatissants parce que nous sommes chrétiens; mais le soin de notre propre sécurité et notre sollicitude pour le bien-être de l'humanité nous font un devoir de réfréner l'idée révolutionnaire qui attaque l'humanité, non-seulement dans sa morale, mais encore dans ses progrès vers l'ordre et la perfection. De tous les moyens d'arriver à ce but, je n'en vois pas de plus facile dans l'exécution que de transplanter ce peuple turbulent, que son activité prodigieuse et sa puissance d'action rendent si formidable. Ce peuple sera comprimé sans aucun doute, lorsqu'il aura cessé d'exister comme nation, et que je l'aurai dispersé sur une échelle convenable dans la vaste étendue de mon empire. Nos steppes sont stériles, les paysans français les rendront fertiles. Nos ports, nos arsenaux, nos chantiers maritimes s'amélioreront sous la main des ouvriers de talent que nous aurons ainsi à notre disposition; les esprits les plus déréglés trouveront de l'emploi sur nos flottes, et apprendront l'obéissance et la discipline dans nos armées. Je me pourvoierai d'instituteurs capables pour cette nouvelle éducation. »

L'empereur parlait sérieusement et du ton d'un homme qui a profondément creusé son sujet; mais nonobstant sa conviction évidente de la possibilité d'arriver à ses fins, je ne pouvais m'empêcher de frissonner en songeant au danger dans lequel il se trouverait si de pareils plans pouvaient être soupçonnés; je pensai qu'il était de mon devoir d'exprimer cette crainte, et d'ajouter que Babylone avait pu facilement imposer la servitude au peuple juif, qui comptait à peine deux ou trois millions d'âmes, c'était une bien autre entreprise à réaliser contre une puissante et forte nation comme la France, dont la population était si considérable, que, réunie à celle de la Grande-Bretagne, son alliée, elle égalerait en nombre la population russe.

« A cette difficulté, déjà insurmontable, il faut ajouter, dis-je, l'opposition que nous feront les autres États de l'Europe lorsqu'ils se sentiront menacés dans leur sécurité par ces projets ambitieux, et....

« Je vous arrête ici, Mentschikoff. Et d'abord aucun de ces États, à moins que vous ne les avertissiez de leur sort, n'aura l'idée des événements qui les menacent; et pas un seul, j'en suis convaincu, n'osera se mêler au conflit qui me force à armer,

2

contre mes trois ennemis, les Turcs, que je mentionne ici simplement pour mémoire, les Français et les Anglais, qui sont les
obstacles réels à mes projets. Vous admettez qu'en ce moment
leur union soit parfaite, parce que vous les voyez se réunir contre
moi dans ce différend. Ils demeureront unis aussi longtemps que
le succès les favorisera; mais que l'heure de l'adversité arrive,
et ce sera tout autre chose, sachez-le bien. Dès que j'aurai mis
la main sur Constantinople, préparez-vous à voir l'Angleterre,
exclusivement préoccupée de ses dangers personnels, abandonner
son alliée pour voler à la défense de ses possessions, et concentrer la totalité de ses forces dans la mer des Indes, afin d'éviter
le coup qu'elle appréhende depuis si longtemps, et qu'elle croit
conjurer par une alliance avec sa vieille ennemie. Elle laissera
très-probablement les Français soutenir seuls la lutte contre
moi; mais si, contrairement à mes prévisions, ces deux puissances restaient unies dans la résistance, je saurais, n'en doutez
pas, fomenter entre elles la jalousie et la discorde, et leur susciter
de tels embarras que je les défie d'en sortir.

« Vous paraissez surpris, et il est naturel que vous le soyez,
car vous ignorez les difficultés incessantes qui ressortent du mé-
canisme de ces gouvernements représentatifs dont on vante la
perfection, simplement parce qu'ils reposent sur une base con-
stitutionnelle; ils sont *tous* entachés du défaut capital de sou-
mettre le vote des subsides au bon vouloir de ceux même qui
subissent l'impôt, et qui, par conséquent, ont soin de se donner
les représentants les plus capables de défendre leurs bourses;
vous pouvez juger alors, aussi bien que moi, de la confusion
qui se produit dans toutes ces assemblées représentatives lorsque
les ministres viennent proposer, en invoquant la nécessité publique, de nouvelles taxes pour fournir aux dépenses de la guerre :
c'est là presque toujours une cause du renversement des minis-
tères. Il est vrai qu'assez généralement le maître se venge en dis-
solvant les chambres, dans l'espoir d'en réunir d'autres plus
dociles à ses désirs; mais il arrive aussi parfois qu'il en ren-
contre de moins traitables encore. De là le mécontentement, le
désordre le plus effroyable, souvent même des révolutions dont
il est impossible de prévoir les conséquences.

« Je compte sur ce résultat, en ce qui concerne la France, lorsque son chef actuel demandera des subsides exagérés pour con-

tinuer la guerre. Ceux qui ont crié le plus haut qu'elle était juste et nationale, crieront alors, et plus vivement encore, en la maudissant comme ruineuse et impolitique. Ce sera pour moi le moment d'armer les différents partis qui divisent le cœur de la France, et qui n'attendent qu'une occasion pour éclater. J'agirai de même dans la Grande-Bretagne, où, non moins qu'en France existent des éléments de discorde civile dans ses milliers de sectes religieuses et son inconstante politique sociale.

« Quelle sérieuse résistance, Menschikoff, est possible de la part d'ennemis ainsi divisés dans leur propre camp? Quelle force de tels ennemis peuvent-ils opposer à un million de soldats, les meilleures troupes de l'univers, dirigés par une volonté aussi ferme, aussi inflexible, aussi profondément réfléchie que la mienne? Et ne voyez-vous pas que ces multitudes, en apparence si formidables, de Français et d'Anglais, doivent en réalité compter pour peu de chose, frappées qu'elles seront de découragement en face des désappointements qu'elles vont rencontrer en Crimée, où, sans nul doute, elles dépenseront, dès la première campagne, tout le feu de leur ardeur patriotique. Les Anglais et les Français sont les deux plus braves nations de l'Europe, personne ne peut le nier ; mais le dernier de ces peuples est connu pour son impuissance proverbiale à supporter l'adversité. »

—C'est, répondis-je, ce dont j'ai pu m'assurer à plusieurs reprises ; mais les Français, il faut l'avouer, savent se relever des pires infortunes avec une promptitude et une facilité merveilleuses. »

Je ne sais si l'empereur se sentit blessé de ma remarque, qui attaquait dans sa base l'opinon qu'il s'était faite du caractère français ; mais je crus lui voir un instant froncer le sourcil d'un air mécontent. Cependant il me répondit avec une sorte d'insouciance : « C'est ce motif même qui me porterait à les préférer à tous autres esclaves. J'aimerais à étudier les ressources que pourrait offrir leur caractère versatile, et à observer la manière dont leur philosophie s'accommoderait à cette nouvelle position. »

Ici l'empereur changea brusquement de conversation pour me parler des ordres qu'il venait d'adresser à ses divers généraux. Il me donna les instructions les plus importantes sur la ligne de conduite que je devais tenir en Crimée ; je crois inutile d'entrer ici dans ces détails.

Je sortis de cette audience fier et heureux d'avoir la confiance de mon noble maître ; et vous êtes maintenant aussi à même que moi, cher prince, de juger si mon admiration pour sa politique n'est pas bien fondée, et si la grandeur de son caractère n'est pas digne de notre reconnaissante admiration.

Le temps a marché depuis cette conversation ; les événements subséquents vous sont connus. Six semaines après mon départ, nos troupes passaient le Pruth, prenaient possession de la Valachie et de la Moldavie ; et à ce signal les flottes des puissances occidentales paraissaient sous les murs du sérail, prêtes à pousser leurs premières reconnaissances dans la mer Noire. Mais tandis que nos troupes, dans quelques engagements partiels sur le Danube, faisaient l'épreuve des qualités militaires des hommes placés par le sultan sous les ordres d'Omer-Pacha, les cours de Vienne et de Berlin proclamaient leur neutralité, et je profitais de l'occasion qui m'était offerte d'annoncer aux Turcs ma présence en brûlant leur flotte dans le port même de Sinope.

Un cri d'indignation immense, unanime, salua ce *coup de main*, trop heureux pour ne pas exciter de réprobation. On nous prodigua les reproches de trahison ; et les alliés du sultan tirèrent parti de l'impression que nous avions produite, pour aller ravager notre littoral asiatique, et détruire nos établissements sur les côtes de la mer Noire. La guerre était à peine déclarée que les hostilités commençaient. Dès ce jour, et conformément à l'ordre exprès de l'empereur, je retins la flotte russe dans le port de Sébastopol. Il était inutile de l'exposer aux attaques d'un ennemi si évidemment supérieur en forces. Mais on pouvait aisément prévoir que l'orage tomberait plutôt sur la Crimée que partout ailleurs ; car les armements des alliés continuaient sans relâche, et leurs troupes, en petit nombre d'abord, s'augmentaient chaque jour dans des proportions formidables. Pendant ces préparatifs, qui n'étaient alors que menaçants, la diplomatie était à l'œuvre ; elle s'efforçait de persuader aux puissances alliées qu'il ne fallait pas abandonner tout espoir d'arrangement avec le czar ; qu'il désirait demeurer en paix ; mais que, résolu à ne pas sacrifier sa dignité, il accepterait le protectorat collectif, et qu'il entrerait volontiers en pourparlers, pourvu que la demande lui en fût présentée dans des termes convenables. A la manière empressée dont l'Autriche offrit sa médiation, au caractère des notes qu'elle échangeait avec les différentes chancelleries, je reconnus aisément qu'elle accomplissait, avec la plus grande aptitude, la tâche qui lui avait été assignée par le czar. Elle tenait l'Occident en arrêt avec des espérances flatteuses, qu'elle savait parfaitement impossibles à réaliser; mais elle nous gagnait du temps, et permettait ainsi à notre corps d'armée de franchir les distances énormes qui le séparaient du théâtre de la guerre. Après le passage du Danube, nous essayâmes sans succès d'atteindre la muraille de Trajan. Encouragés par l'impression morale que produisait l'approche des alliés, les Turcs se battirent admirablement, et nous obligèrent à nous retirer; plus tard, quand Gortschakoff se mit en tête d'assiéger Silistrie, ils nous firent éprouver une perte considérable, qui exerça une action fâcheuse sur le moral de nos soldats, et exalta d'autant la confiance de l'ennemi. C'est là une faute insigne à mes yeux; parce que, au commencement d'une campagne, le moindre échec est un malheur, et si un général n'est pas en position d'obtenir une éclatante victoire, il ne doit pas courir la chance d'une défaite. A la distance où je me trouvais du théâtre de la guerre, je ne puis prendre sur moi d'affirmer que le prince ait eu tort ou raison dans sa tentative. Je remarque seulement que cet abandon du siége de Silistrie fit peu d'honneur à notre armée, et qu'il eût été bien préférable de s'abstenir d'une attaque contre une place défendue par une garnison nombreuse composée des meilleures troupes d'Omer-Pacha. Je suis convaincu que cet événement détermina les conditions hautaines auxquelles les alliés se résolurent à subordonner la paix. Leur ultimatum fut dicté par un sentiment d'orgueil que l'éphémère succès des Turcs avait contribué à produire. On devinait aisément, au ton insolent de cet ultimatum et à la teneur des conditions exigées du czar, qu'ils regardaient comme une tâche facile de le réduire à composition. Non-seulement le czar devait évacuer immédiatement les Principautés, et renoncer au protectorat, ou bien le partager avec les quatre principales puissances européennes, mais encore consentir à la libre navigation du Danube! Plus tard, on ajoutait une autre clause, la suppression de nos établissements maritimes en Crimée, et particulièrement de Sébastopol, sous prétexte que leur existence était une menace permanente pour la Turquie et une juste cause de terreur pour les flottes étrangères dans la mer

Noire. Le commerce de cette mer, comme celui du Danube, devait rester ouvert au monde entier ! Vous devez reconnaître, prince, que des prétentions aussi hautaines ne pouvaient être fondées que sur la conviction, de la part des alliés, de la supériorité de leurs forces sur celles de la Russie, et ce sentiment se fortifia encore du misérable succès obtenu par les flottes combinées dans la Baltique. La destruction de Bomarsund fut annoncée dans les journaux avec pompe, avec d'abondants détails, et l'enthousiasme des deux nations atteignit son apogée.

Pour moi, je ne considérai ce fait que comme un pauvre triomphe : le poste était peu important, et les alliés avaient en vain fait tous leurs efforts pour forcer nos flottes à quitter le port de Cronstadt ; cependant la saison s'était avancée, et ils durent s'en retourner chez eux. Mais une chose m'inquiétait dans tout ceci, c'était le traité conclu par l'Autriche avec la Porte pour replacer ses troupes dans les provinces danubiennes, d'où les nôtres avaient été si récemment débusquées. Pour se conformer aux règles de la stratégie, il était dès lors devenu nécessaire de concentrer une grande force dans la Crimée, que menaçaient chaque jour davantage les armées alliées, déjà massées à Gallipoli et campées à Varna. Elles recevaient des renforts continuels, et leur nombre fut porté à cent mille hommes : le bruit courait que Sébastopol allait être attaqué à la fois par mer et par terre. Dans cette conjoncture, je m'empressai de dépêcher un courrier à Saint-Pétersbourg pour demander les ordres de l'empereur. Au milieu de la responsabilité que m'imposait la gravité de la situation, je ne voulais pas encourir le reproche de prendre des mesures extrêmes sans avoir préalablement reçu la sanction impériale. J'expliquais à l'empereur la situation dans laquelle j'étais placé, et je ne pouvais en même temps m'empêcher d'exprimer la surprise, et même les soupçons que la conduite de l'Autriche avait fait naître dans mon esprit, en agissant de concert avec la Turquie, et en se saisissant de l'otage dont Sa Majesté avait jugé prudent de prendre possession.

« Est-ce qu'un pareil acte, écrivais-je à l'empereur, ne vous semble pas déclarer une trahison de la part de l'Autriche, en dépit de l'assurance qu'elle vous a donnée de son amitié ? Est-elle réellement aussi dévouée à vos intérêts qu'elle s'est efforcée de vous le persuader ? En cas de revers, ne prendrait-elle pas vrai-

semblablement le parti de l'ennemi ? » Je reçus du czar une ré-
ponse presque immédiate, dont je vous donne ici simplement la
substance.

» C'était en prévision des nouvelles que je lui annonçais qu'il
avait rappelé son corps d'armée dans le cours de ses opérations
surle Danube. « Quant au traité en question, écrivait-il, soyez certain que son existence ne m'est pas inconnue. On me l'a soumis
avant de le proposer à la Turquie, seule dupe en cette affaire.
Elle y trouve l'avantage (et c'est là l'appât qui l'a séduite) de pouvoir réunir ses troupes à celles de ses alliés ; mais je trouve dans
cette mesure un plus grand avantage encore, celui de placer les
provinces danubiennes dans les mains les plus capables de me
les garder jusqu'à ce que le moment arrive d'en faire la réclama-
tion. C'est en quelque sorte le mot de cette fable qui contient
une morale aussi ingénieuse que profonde ; je veux parler de
l'histoire de la Chienne et de ses Petits. Vous avez assez d'esprit
pour qu'il n'y ait pas besoin de vous en indiquer l'application.
Les Turcs seuls en comprendront le sens, lorsqu'ils se présente-
ront pour rentrer dans les Principautés. Si, par quelque calcul
impossible, et dans le cas d'un grand revers éprouvé par notre
armée, l'Autriche allait, abusée par un instant de succès, pas-
ser du côté de l'ennemi, fiez-vous à moi pour sa punition, qui
sera prompte et terrible. Les moyens ne me manquent pas, elle le
sait bien. Je lâcherais sur elle ces ennemis mortels, de la rage
desquels je l'ai sauvée à deux reprises différentes. Sa terreur
me répond de sa bonne foi envers moi. Que votre esprit soit donc
en repos sur ce point. Appliquez toutes vos pensées à chercher
les meilleurs moyens de préserver Sébastopol des attaques des
alliés. La place est assez forte pour résister et par mer et par
terre. Si cependant vous vous trouviez tout à fait dans l'impossibi-
lité d'empêcher les flottes de pénétrer dans le port, n'hésitez pas
à couler cinq ou six de vos meilleurs vaisseaux à l'entrée : leurs
canons serviront à la défense des fortifications. Le séjour de ces
navires au fond de la mer ne leur fera pas subir de notables dom-
mages matériels, et il sera facile de les remettre à flot quand le
danger sera passé. Surveillez avec soin l'arrivée des armées alliées, et entravez leur marche par tous les obstacles possibles.
Évitez le plus que vous pourrez les batailles rangées, mais résis-
tez au passage des rivières, et tirez parti de la nature difficile du

terrain, qui permet à ceux qui le connaissent de rester cachés quelque temps. Établissez des redoutes à chaque position, et ne les abandonnez pas tant qu'elles seront tenables. C'est le moyen de faire éprouver d'immenses pertes à l'ennemi, sans souffrir beaucoup vous-même. Si, à la fin, les alliés réussissaient à s'emparer des forts, mettez tous vos soins à retarder leurs opérations, afin de vous donner le temps de recevoir les renforts qui viendront en force suffisante pour vous permettre de prendre l'offensive et d'engager avec l'ennemi une bataille décisive. Ces renforts vous arriveront de tous les points de l'Empire : mes généraux n'attendent plus que des ordres.

« Mais si, en dépit de toutes ces précautions, la place tombait aux mains de l'ennemi, prenez soin de ne rien laisser derrière vous qu'un monceau de ruines, et d'effectuer aussi vivement que possible votre retraite vers le Nord. La partie recommencerait à une époque peu éloignée. La mauvaise saison nous viendrait en aide, et se chargerait de notre vengeance. Les princes, mes fils, les grands-ducs Nicolas et Michel ne tarderont pas à vous joindre. J'ai l'intention de me rendre à Varsovie, où j'attendrai de vos nouvelles. J'espère qu'elles seront bonnes ; mais fussent-elles mauvaises, n'hésitez pas à me les communiquer en toute hâte : *bonnes*, je les recevrai avec des actions de grâces ; *mauvaises*, elles ne me feront pas perdre un iota de ma sérénité et de ma force d'âme. Je vis dans la conviction de mes droits, et j'ai l'espérance d'en voir le triomphe avant que de longs mois se soient écoulés. Une chose toutefois peut m'arrêter, je n'ai qu'elle à craindre, c'est que lord Palmerston ne revienne au gouvernement des affaires étrangères. Le rappel de cet esprit turbulent et incommode gênerait mes plans par son influence sur les hommes politiques d'Europe. La politique de l'Angleterre, mesurée dans ce moment, est dictée par un sentiment de crainte, que l'on appelle du nom plus agréable de prudence ; avec lord Palmerston elle changerait brusquement et deviendrait hardie jusqu'à la témérité. Il n'hésiterait devant aucune mesure, si extrême ou violente qu'elle soit, pour forcer mes deux alliés secrets à se déclarer ouvertement. Le premier acte de lord Palmerston serait de faire, sans le moindre scrupule, appel aux forces vitales de la révolution, à tous ces sauvages éléments de désordre qui comptent pour une si grande part dans tous les États de l'Europe.

A sa voix, la Hongrie, l'Italie, la Pologne courraient aux armes en un clin d'œil ; ce serait l'enfer déchaîné sur le monde, et la guerre éclaterait partout à la fois. L'incendie dévorerait tout avec d'autant plus de fureur qu'il aurait été allumé par un homme de ce caractère, né pour la lutte et la tempête, et qui se plaît dans la tourmente. Soutenus par lui, les rebelles n'auraient pas à craindre de désertion Si ce conflit effroyable s'élevait par d'autres moyens que les miens, ou éclatait avant que je fusse préparé au combat, je me trouverais moi-même dans le plus grand péril.

« C'est là ma seule appréhension, mais j'ai des motifs pour espérer que les influences qui m'ont servi jusqu'à ce jour à écarter de mon chemin ce dangereux adversaire, auront encore assez de force pour retarder de quelques mois son retour aux affaires. Ces quelques mois suffiront pour me mettre en mesure de défier tout obstacle, même de défier ce grand ennemi lui-même si son pays l'appelait trop tard à son secours ; car le moment est venu où les événements se précipiteront sur le monde avec une effrayante rapidité, et il est nécessaire que je sois seul maître de la situation, afin de les diriger selon mes vues. De cela je ne puis jamais être sûr, tant que ce « conspirateur » comme on se plaît à appeler cet homme de fer, sera tenu à l'écart. Mais si, ma mauvaise étoile s'élevait de nouveau à l'horizon, s'il découvrait mes desseins, et si je tombais dans la lutte, Menschikoff, mon nom serait rangé parmi les plus illustres, il brillerait de toute la splendeur qui commande pour le héros l'admiration de la postérité. On dira de moi : « Il mourut en combattant pour un grand et noble « principe, » et si je ne réussis pas à l'accomplir, je le léguerai à mes enfants qui, plus heureux que moi, pourront un jour voir sa réalisation, et conquérir pour la Russie la place qui lui est assignée par la Providence. »

Telle est la substance de la lettre que je reçus de l'empereur, avec l'injonction la plus sévère de la brûler après en avoir pris connaissance, ce que je fis scrupuleusement ; et je vais maintenant m'attacher à entraver la marche de l'ennemi, que les rapports de mes espions m'ont déjà signalé. Au moment où vous recevrez cette lettre vous pouvez compter que de grands événements se seront passés entre Saint-Arnauld et moi-même, sur les bords de l'Alma. Le Tartare qui vous porte cette dépêche ne

court aucun risque d'être arrêté par l'ennemi, encore éloigné
d'ici de trois mille verstes.

Ici se termine le précieux manuscrit trouvé au fond du sac de
nuit du prince Menschikoff, dans les circonstances que j'ai rap-
portées plus haut.

C'est à nous maintenant, initiés que nous sommes à la pensée
du czar, d'examiner jusqu'à quel point il a chance de la réaliser.

On peut se demander en premier lieu, si, tout infatué qu'il soit
de sa propre grandeur, il possède en effet quelque moyen de
mettre à exécution l'audacieux projet qu'il a osé concevoir contre
les libertés de l'Europe. Sur ce premier point, je n'hésiterai pas à
me prononcer pour l'affirmative, et ceci, d'après des considérations
dont personne ne pourra nier la justesse. La première consiste
dans cette exaltation particulière à l'ambition dans certaines or-
ganisations, qui, excitée par l'opposition, grandit de façon à porter le trouble dans les facultés mentales. L'homme ainsi possédé
ne se reconnaît plus pour un mortel, il se croit dieu : témoin
Alexandre le Grand, qui ordonnait qu'on l'adorât, et qui se fit
élever des autels de son vivant ; témoin tant d'autres fous couron-
nés, dont l'histoire conserve la mémoire. Quant à la seconde
considération, ouvrez le testament de Pierre le Grand : vous y
trouverez son plan d'établissement, pour la Russie, d'une monarchie universelle ; et il est de notoriété publique que la politique
russe a continuellement, depuis le règne de Catherine II, été
dirigée par la même pensée de domination universelle. Il est
évident que la France soupçonnait depuis longtemps Nicolas
d'être en proie à cette hallucination : car, récemment encore, ce
testament de Pierre le Grand était imprimé par ordre du préfet
de police, et colporté dans les rues de Paris, pour que le peuple
pût le lire et le commenter à son aise. La troisième considération
se rapporte à l'admission même de l'idée erronée qui préside
à ce plan ; on doit reconnaître que cette pensée, cette erreur,
a occupé, dans le siècle dernier, plus d'une grande ambition,
plus d'un jugement profond. L'abbé de Saint-Pierre regardait
cette idée plutôt comme une prophétie que comme une erreur,
et considérait l'événement comme une des phases de l'histoire
future de la race humaine. Les républicains des temps modernes
ne se donnent-ils pas pour premier principe la formation d'une

vaste république, qui effacerait à jamais les différences, les que-
relles et la division d'intérêts dans la grande famille humaine?
Je demande maintenant si cette croyance, commune à tant
d'esprits supérieurs, de la possibilité d'accomplir une œuvre si
gigantesque, ne semble pas naturelle dans le chef d'un empire
aussi vaste que la Russie, s'il serait déraisonnable de supposer
qu'il a jugé le temps venu d'affronter les chances de cette effrayante entreprise, et si, ayant depuis tant d'années mûri son
dessein, il n'a pas, également, consacré plusieurs années à préparer les moyens de le mettre à exécution?

Cette hypothèse, parfaitement admissible en elle-même, une
fois établie, on peut aisément concevoir que le czar a dû suivre
pas à pas la ligne de conduite qu'il se trace dans son entrevue
avec Mentschikoff. La politique dilatoire qu'il a suivie dans ses
relations avec les puissances occidentales, n'avait-elle pas pour
objet de masquer ses intentions dernières? N'a-t-il pas sur ces
entrefaites toujours temporisé afin de rassembler ses troupes,
disséminées jusqu'alors à d'énormes distances dans toute l'é-
tendue de l'empire? Sa diplomatie n'a été employée qu'à tromper la vigilance des plus intéressés à surveiller d'un œil ja-
loux ses mouvements dans la mer Noire, et à gagner du *temps*,
qu'il sait bien être le grand maître de nous tous! Sur quelle
puissance amie pouvait-il compter pour l'aider à cette besogne,
si ce n'est sur la Prusse et l'Autriche, qui lui sont attachées, la
première par des liens de famille, la seconde par la reconnaissance et la crainte? Et s'il avait réussi à leur persuader à
toutes deux que leur propre intérêt, tout autant que le sien propre, devait les pousser à affronter les chances effrayantes de
cette guerre gigantesque avec l'Occident, n'aurait-il pas obéi
au sentiment qui a toujours dicté sa conduite, en forçant ces
deux nations à se placer elles-mêmes sous son unique et suprême direction? Cette politique une fois admise, tout ce qui
nous paraissait obscur et ambigu dans la conduite de ces deux
puissances nous semble tout de suite clair et compréhensible. Toutes
deux sont liguées avec le czar pour nous tromper et nous trahir,
et nous conduire dans les piéges qu'il a tendus pour notre destruction. Quel que soit leur rôle dans la pièce dont le czar a fourni
le libretto, il est certain que les notes et contre-notes échangées
par les cabinets de Berlin et de Vienne étaient du temps perdu

pour nos armements, et gagné pour le czar, qui, de son propre aveu, n'a pas de meilleur allié que le vent glacial qui souffle du Caucase !

Les journaux anglais et français, qui exprimaient si hautement leur croyance à la neutralité de ces deux cours, font maintenant les plus grands efforts pour se persuader eux-mêmes de la sincérité du traité que l'Autriche, après avoir tout d'abord assuré sa position dans les provinces danubiennes, a eu la prudence de conclure avec les alliés. Le traité a été dicté par la cour de Saint-Pétersbourg, sans aucun doute. Aucun mot de ce document n'est ignoré du czar. Une fois de plus la question a été mûrement pesée entre l'Autriche et la Russie, et la décision prise, non pas d'une opposition directe, ce qui semble assurément ressortir des termes mêmes du traité, mais en faveur de la politique expectante pour laquelle l'Autriche a toujours manifesté la plus grande aptitude, et qui sert la cause russe bien mieux que le secours de ses armes. Longtemps on débattit le point de savoir quelle serait celle des deux puissances neutres qui semblerait prendre une décision positive ; à la fin, par des raisons qui sont évidentes, le choix du czar est tombé sur l'Autriche. Le résultat ne peut être douteux. Le temps, qui est tout pour les deux causes, sera gagné par la Russie et perdu par nous !

La situation présente offre un avantage, celui d'épargner le sang humain des deux côtés, pendant un certain temps ; et qui peut dire si la Providence, favorable à notre juste cause, ne nous mettra pas à même de forcer l'autocrate à répudier ses frénétiques projets de domination universelle ? Mais personne de ceux qui le connaissent ne croiront la chose possible jusqu'au jour où le canon des alliés tonnera à ses propres portes ; et alors même il est probable qu'il préférerait la mort à des conditions qui détruiraient sa suprématie dans la mer Noire. D'après ce que nous avons vu de sa résolution de ranger l'univers entier à ses lois et à sa croyance, nous pouvons imaginer ce dont il serait capable plutôt que de renoncer à cette suprématie qui lui permet de dominer Constantinople et d'étouffer à chaque instant cette puissante cité sous le poids de ses armes. S'il s'en emparait une fois, il irait loin dans la route qu'il s'est tracée ; et les Dardanelles, hérissées des canons russes, empêcheraient à jamais nos flottes d'arriver jusqu'à cette ville.

Les conséquences de la prise de Constantinople par le czar seraient terribles pour l'Europe. Son premier soin pour assurer sa conquête serait d'exciter la discorde et la guerre; cela deviendrait pour lui une nécessité de position; car il sait bien que ni les intérêts ni l'honneur de l'Angleterre et de la France ne leur permettraient de sanctionner cet exploit de brigand , et l'on peut prévoir à quels excès et à quels actes de violence pourrait le pousser sa crainte d'être attaqué de ces deux côtés; c'est en répandant la mort et la terreur autour de lui qu'il chercherait les moyens de légitimer sa conquête.

Mais cette victoire, l'obtiendra-t-il? Il en fonde l'espoir sur la désunion de la France, et sur les facilités qu'il trouvera à la faire éclater au moyen des différents partis qu'il agite l'un contre l'autre. « La marche même des événements suffira pour obtenir ce résultat, dit-il, sans qu'il soit nécessaire d'employer de mon côté l'intrigue ou la corruption. A la première nouvelle de la marche de mes Cosaques sur la frontière française, chacun de ces partis, exclusivement préoccupé de ses intérêts, commencera à s'agiter afin de profiter de la situation ; les républicains fermenteront les passions du peuple; les *bourgeois*, toujours dévoués aux princes de la maison d'Orléans, ne mettront pas moins d'ardeur à préparer leur retour; et les légitimistes, nous considérant comme des amis et des alliés, plutôt que comme des ennemis, travailleront l'esprit public à l'effet de ramener Henri V. Le chef du gouvernement, absorbé par les soins de la guerre, ayant encore à tenir tête aux périls de cette agitation intestine, n'éprouvera pas peu de difficulté à nous résister, et fera de vains appels au patriotisme, à la nationalité. Sa voix se perdra dans le tumulte des partis; et chaque jour de marche qui nous rapprochera de la capitale, en répandant la terreur et le désespoir dans tous les cœurs, ne donnera pas le temps, même aux âmes les mieux trempées, de retarder d'une seule heure notre marche triomphale. Nous serons maîtres de Paris; et conséquemment de la France elle-même, avant qu'aucun plan de résistance ait pu même s'organiser avec la moindre chance de succès. »

Et Nicolas a raison! Son triomphe est infaillible, et nous sommes perdus si nous commettons la faute sur laquelle il fonde son espoir; si, inspirés par nos discussions politiques ou nos intérêts privés, nous ne resserrons pas nos rangs et ne restons unis devant cet effroyable danger; si nous sommes assez imprudents, assez fous pour demeurer hommes de parti quand il faut avant tout être patriotes. Puissent l'ignominie et l'infortune accabler l'homme qui, devant de pareilles circonstances, aurait d'autre souci, d'autre pensée que la patrie! Les mêmes causes produiront toujours les mêmes effets; nous aurions mauvaise grâce à vanter l'invincibilité de nos armes, avec le souvenir sur lequel le czar fonde ses espérances de succès, les désastreuses invasions de 1814 et 1815. Ce sont les misérables discussions des partis adverses qui ouvrirent alors les portes de Paris; ne nous flattons pas de résister avec plus de bonheur, à moins de nous unir tous et de combattre pour une seule cause.

La destruction, l'esclavage, telles seront les destinées de la France si nous souffrons qu'elle soit envahie pour la troisième fois par ce barbare du Nord, le rebut de la civilisation. Pénétrés que nous sommes de ses projets, et connaissant les moyens qu'il veut faire concourir à leur exécution, faisons appel aux populations de l'Europe, menacées aussi bien que nous-mêmes par cet orgueilleux despote. Debout! frères de tous pays! vous qui vivez, comme nous, dans l'espoir démocratique de la liberté; gouvernements constitutionnels voués, comme nous, au néant : ne permettez point que l'Angleterre et la France soutiennent seules cette lutte meurtrière, cette guerre sauvage dont elles ont pris la généreuse initiative, aussi bien pour vous que pour elles-mêmes! Hâtez-vous d'envoyer vos navires renforcer leurs flottes, vos soldats grossir les rangs des défenseurs de la liberté. Souvenez-vous que votre sort, aussi bien que le leur, dépend de l'issue du combat, et que, si elles tombent, vous périrez. Souvenez-vous que c'est la cause de la civilisation dans le monde entier que vous êtes appelés à défendre contre les étreintes de fer de la barbarie; et « si la nuit doit envahir l'Occident, » vous-mêmes, aussi bien que nous, serez enveloppés dans les ténèbres.

Une fois encore, debout! Jamais, à aucune époque de l'histoire du monde, il n'eut plus grand besoin d'énergie, car jamais il ne fut menacé d'un plus grand péril. Le principe de liberté est attaquée par l'ennemi le plus formidable qu'il ait encore eu à combattre, le souverain de soixante millions de sujets, qui

voient en lui le représentant vivant et incarné de Dieu sur la terre!
Il faut que ce pouvoir, né du fanatisme, ait toujours devant
lui une autre force, égale en énergie, supérieure en puissance.
Où trouver cette autre force, si ce n'est dans la soif de liberté qui
produisit la révolution de 1789, et le principe patriotique qui régit
la France en ce jour, et qui seul peut nous sauver maintenant?

La fausse sécurité dans laquelle nous vivons sera notre ruine;
la pensée du despote peut se réaliser avant que nous ayons eu
conscience du danger; rien n'est impossible à la puissance matérielle et à l'influence morale dont il dispose. Lorsque le chris-
tianisme apparut pour la première fois, il avait à lutter contre une
civilisation tout aussi avancée que celle dont nous sommes aujourd'hui si fiers; et puisque nous avons tant répété que les
intérêts des communautés actuelles sont opposés aux progrès du
czar, est-ce que les innombrables intérêts qui s'attachaient alors
aux mille sectes du paganisme n'étaient pas mieux munis de
moyens de défense que nous ne le sommes aujourd'hui? Et cependant elles furent détruites par le souffle irrésistible de la loi nouvelle. Comment, par quels moyens? Fut-ce avec le concours de
grands princes? Avec l'aide de leurs armées? Non, la parole de
douze hommes a suffi, ignorants et de basse naissance par eux-
mêmes, mais qui avaient vécu en communion avec le Maître, et
qui témoignaient après sa mort de ses sublimes vertus et de ses
saints principes. Les premiers ils proclamèrent le principe de
liberté, qui contrastait si puissamment avec les idées et la morale
de ces temps corrompus, et partout leur foi fut suivie et consacrée
par le martyre! Et c'est ainsi que la puissance romaine, plus
considérable que celle de l'Europe actuelle réunie, fut renversée
par les propagateurs de l'Évangile.

Et cela, parce que la loi qui a pour base une idée religieuse
est douée d'une puissance de vitalité devant laquelle tous les intérêts humains disparaissent du moment où la désunion a com-
mencé. Il n'est point nécessaire que cette idée religieuse ait la
vérité pour fondement, pour qu'elle acquière cette effrayante
influence; l'erreur la plus grosse et la plus flagrante peut exciter
le même degré d'enthousiasme, du moment où elle aura acquis
assez d'ascendant sur les masses pour exciter l'ardeur du fanatisme.

Voyez-en la preuve dans la promptitude avec laquelle l'islamisme s'étendit sur la moitié du globe. Et cependant les sectateurs de Mahomet avaient à lutter contre des nations dont l'*intérêt* était de résister à leurs progrès.

Ne nous berçons donc point de l'idée que les *intérêts* de l'époque trouveront des ressources pour éloigner le danger qui nous menace. Il est immédiat et terrible, et nous n'avons de salut que dans l'union intime de nos forces contre celles que lé czar peut mettre sur pied au moyen des sentiments religieux de son peuple; et puisque c'est l'esprit révolutionnaire qui le fait trembler, parce qu'il craint, avec raison, que la contagion ne l'expose à perdre le prestige qu'il possède aux yeux de ses sujets, vengeons-nous en gagnant ceux-ci à notre cause, forçons-le à reconnaître que sous le masque de la religion il transgresse lui-même sa première et plus sainte loi, en s'efforçant d'arrêter les progrès de l'esprit humain et de le plonger dans les ténèbres de la barbarie.

FIN.

Ch. Lahure, imprimeur du Sénat et de la cour de Cassation
(ancienne maison Crapelet), rue de Vaugirard, n. 9.